Tâi-gí Ū Liàn-tńg

Gín-á Pán, Thâu Pún

Tīⁿ Têng-têng tù

Taigi: Fluency Unlocked

Children's Edition, Book I

By Tīⁿ Têng-têng

© 2025 Tīⁿ Têng-têng
Chheh-phê ê tô͘: © 2025 Tân Iàn-têng, chúi-chhái
Chheh-phê siat-kè: Liân Giỏk-pîn
It-kàu: Ong Úi-pek
Jī-kàu: Ngô͘ Giỏk-kīn
Pâi-pán: Lûi Bêng-hàn

Keng-lâm Su-īⁿ Chhut-pán.
Chū-chí tī 4689 Eastus Dr, San Jose CA 95129

ISBN 979-8-9913386-0-8

Chit pún chheh it-chhè koân-lī bô beh niū--lâng, pí-lūn-kóng beh khó͘-phih che lōe-iông, m̄-koán sī choân-pō͘ á-sī chit-pō͘-hūn, chiū ài mn̄g goán tông-ì.

2025 nî tī Ka-chiu San José chhut thâu-pán.

2 3 4 5 6 7 8 9

Gí-giân sī bîn-cho̍k ê lêng-hûn.

Foreword

Tâi-gí or Tâi-oân-ōe, is the local language spoken by the largest population in Taiwan and was once the *lingua franca* used by all language groups on the island; or at least prior to the Mandarin-speaking Republic of China regime came to impose its colonial rule by the end of Second World War, that is.

I chose the phrase "colonial" very intentionally and with deliberate precision. Many ethnic Taiwanese now in their adulthood (probably including you, who is now reading this text) grew up being spoken to in Tâi-gí by their parents or grandparents. However, when they raise their own kids, regardless in Taiwan or abroad (but particularly in Taiwan), they almost always speak Mandarin, a lot of times exclusively, to the next generation. How else could one explain the absurdity of, on one's own ancestral land, grandchildren not speaking, or not even being able to understand, the language of the grandparents, other than colonization?

Due to such political oppression, an entire generation of Taiwanese was clipped of their mother tongue (not just Tâi-gí, as well as Hakka and the aboriginal Formosan languages), and Taiwan is being social-engineered into becoming a pure Mandarin speaking society. Tâi-gí, the language once spoken by millions, is now on the brink of extinction.

We decided to do something about it.

Keng-lâm Su-īⁿ, or Mosei Academy of Taiwanese Language and Literacy, was formed by a group of Taiwanese American, who cannot bear to stand by and watch the language gradually perish. This textbook series is one of the actions that we take to be part of the Tâi-gí revitalization movement. Our book stands out among other choices with below features.

Children Friendly: We understand for a language to survive and prosper, it is crucial to nurture the next generation of native users. We made the conscious decision to design the book with a conversation-based, graphic-aided, intuitive learning experience, particularly suitable for preschool audiences, but equally effective for other age groups and even adults.

Pėh-ōe-jī: We cannot stress more, for a language to assume the role of cultural carrier for a people, the importance of a standardized writing system. We believe that Pėh-ōe-jī, a romanized Tâi-gí writing system with a history of being used by Taiwanese for more than 150 years, is the ideal tool for learning Tâi-gí. An alphabetic, phonemic writing system is easy to learn and helps immensely with pronunciation. The long, local history imparts a sense of tradition and belonging.

English, No Mandarin: We are painfully aware of the overwhelming dominance of the Mandarin language and the Hàn-jī scripts over nowadays Taiwan society and overseas Taiwanese diaspora; in particular, how the dominance dropped such a heavy anchor which always finds its way to disrupt and distort a still reviving Tâi-gí language. To mitigate such negative influence, we prefer English over Mandarin, when translation or explanatory notes are needed in the book.

Thank you for choosing this book. Glad to have you with us on the road of Tâi-gí revitalization. Visit us at

https://www.kenglamsuinn.org/

and let us know how we are doing. If you agree with our cause and would like to help us achieve more, please consider making a tax deductible donation to us using below QR-code.

Ong Úi-pek
Chairperson
Keng-lâm Su-ī^n
8/10/2024

Zelle
treasurer@kenglamsuinn.org

Tȧh-ōe-thâu

Nā sī lán ê āu chit tāi bô kóng Tâi-gí, Tâi-gí tō ē siau-sit, che sī chit kiāⁿ khak-tēng ê tāi-chì. Chū góa ì-sek tiȯh chit kiāⁿ tāi-chì, góa tō khai-sí phah-piàⁿ kap ka-kī ê gín-á kóng Tâi-gí, mā hi-bāng só͘-ū goān-ì lâi ȯh, goān-ì lâi chiap-chhiok Tâi-gí ê lâng, m̄-koán sī tōa-lâng iȧh-sī gín-á, lóng ū ki-hōe thang ȯh, thang liān.

若是咱的後一代無講台語，台語就會消失，這是一件確定的代誌。自我意識著這件代誌，我就開始拍拼佮家己的囡仔講台語，嘛希望所有願意來學、願意來接觸台語的人，毋管是大人抑是囡仔，攏有機會通學、通練。

Tú-á-hó kúi tang chêng ū chit ê ki-hōe kà gín-á Tâi-gí, tī chhiau-chhōe gín-á Tâi-gí kàu-châi ê sî-chūn, hoat-hiān soán-tȧk chin chió. Iû-kî sī hō͘ Bí-kok gín-á iōng ê kàu-châi, ē-sái kóng sī bô pòaⁿ pún. Góa chí-hó tȧk lé-pài ná chhōe chu-liāu, ná chún-pī kàu-châi. Án-ne taȕh-taȕh-á chhōe, taȕh-taȕh-á kà, mā chhoân ū chit kóa thang iōng ê mih-kiāⁿ.

拄仔好幾冬前有一个機會教囡仔台語，佇搜揣囡仔台語教材的時陣，發現選擇真少，尤其是予美國囡仔用的教材，會使講是無半本。我只好逐禮拜那揣資料，那準備教材。按呢沓沓仔揣、沓沓仔教，嘛攢有一寡通用的物件。

Chit-má kā chit kóa kàu-châi chéng-lí--khí-lâi, m̄-káⁿ kóng chò liáu gōa hó, m̄-koh mā sǹg sī ūi lán Tâi-gí-bûn kàu-io̍k ê tōa-chhù ka chi̍t tè chng-á. Mā ǹg-bāng ē-tàng khòaⁿ tio̍h lú lâi lú chē iú-chì siá chhut lú lâi lú chē hó iōng ê Tâi-gí kàu-châi.

這馬共這寡教材整理起來，毋敢講做了偌好，毋過嘛算是為咱台語文教育的大厝加一塊磚仔。嘛向望會當看著愈來愈濟友志寫出愈來愈濟好用的台語教材。

Tīⁿ Têng-têng

Chhiâⁿ-ióng Siang-gí Gín-á

Bāng-lō͘ téng put-sî ū bín-tô͘ teh khau-sé Bí-kok lâng, kóng in Eng-gí liàh-gōa lóng bē ē kóng pàt-khoán ōe, bô chhiūⁿ Au-chiu lâng chhìn-chhái to 4, 5 chióng gí-giân siah-siah kiò. Sū-sı̍t A-chiu lâng phó͘-phiàn mā sī 3 chióng gí-giân bô būn-tê. Bô-chhái lán ùi Chi-ná-ōe pà-koân ê Tiong-Hoa Bîn-kok kòe kiâm-chúi lâi kàu Eng-gí tiong-sim ê Bí-kok, soah liàh chò toaⁿ-gí siā-hōe khah sù-siông, hán-tit bat siang-gí kàu-io̍k ê mê-kak.

Ka-ná-tā ūi-tio̍h chèng-tī ê in-toaⁿ, ū teh gián-kiù siang-gí kàu-io̍k. Gián-kiù só͘ tit, siang-gí gín-á jīn-ti lêng-le̍k khah iâⁿ toaⁿ-gí gín-á, hiān-hiān khòaⁿ ē tio̍h. Jīn-ti lêng-le̍k koân, kán-tan kóng tō sī gâu tha̍k-chheh. A nā siang-gí ê lāu-tōa-lâng, sit-tì--ê ke chin chió, nā ū, hoat pīⁿ ê nî-hòe iā khah tōa. Thang kóng ùi gín-á sî kàu chia̍h-lāu, siang-gí ê châi-tiāu ē lī-ek lán chit-sì-lâng.

Khó-kiàn lán nā thiàⁿ kiáⁿ, tiāⁿ-tio̍h ài hō͘ in siang-gí ê lêng-le̍k. Kó-jiân beh án-ne chò, khiok iā ū tiōng-lân ê só͘-chāi. Tāi-seng sī koan-liām ê būn-tê. Tē jī sī châi-tiāu ê būn-tê. Tē saⁿ chiū sī chhiú-lō͘ ê būn-tê.

Ū lâng hoân-ló kóng, gín-á chit-khùn o̍h 2 chióng gí-giân, kiaⁿ-liáu ē hoe--khì, kóng-ōe koh ū khiuⁿ-kháu. Che sū-sı̍t bô-iáⁿ. Siang-gí gín-á ē sió-khóa khah oàⁿ kóng-ōe, nā khai-sí kóng, kóng-ōe ê châi-tiāu chiū bē khah sū toaⁿ-gí gín-á. Ū-sî 2 chióng ōe lām teh kóng, m̄ sī hoe--khì, he hō chò *oāⁿ-khó*, sī siang-gí ê lâng chiah ū ê châi-tiāu. Góa só͘ se̍k-sāi ê Au-chiu lâng, chió-khoeh kóng Eng-gí ū khiuⁿ, sin-piⁿ ê Bí-kok lâng mā m̄ bat khòaⁿ-khin in, tian-tò kám-kak án-ne chin sèng-keh. Tō sī Chi-ná sit-bîn-chiá kā lán kî-sī, lán soah ka lōe-hòa chò lán ê kè-ta̍t-koan, tē-it liáu-jiân.

Nā iù-iⁿ--á, lâng kóng 10 kò goe̍h tōa hit-chūn in ê thâu-náu tn̂g teh tùi gí-im chò hun-lūi. Hit-chūn thiaⁿ ū koàn-sì ê im, thâu-náu tō ū hoat-tō͘ khu-piat. Tâi-oân lâng bô hoat-tō͘ kóng Hoat-kok lâng "r" ê siaⁿ, Tiong-kok lâng bô hoat-tō͘ kóng Tâi-gí "g" ê siaⁿ, tō sī iù-iⁿ--á ê sî m̄ bat thiaⁿ hō͘ koàn-sì, tōa-hàn lâi tio̍h ài ha̍k-si̍p--kòe chiah ū hit-ê châi-tiāu kóng. Khó-kiàn lán eng-tong kéng gí-im khah ho̍k-cha̍p ê ōe lâi kap iù-iⁿ--á kóng.

Lán Tâi-oân lâng, beh chhiâⁿ siang-gí ê gín-á, chū-jiân ài kóng Tâi-gí. M̄-nā gí-im ho̍k-cha̍p, koh ū bîn-cho̍k ê kám-chêng tī--leh. Tiong-hoa Bîn-kok siau-bia̍t Tâi-oân lâng sò͘-cha̍p tang, hiān-chú-sî ū iù-kiáⁿ chò pē-bú ê lâng, Tâi-gí lóng kóng su Chi-ná-ōe, án-ne kám mā ū châi-tiāu chhiâⁿ Tâi-gí kiáⁿ? Sū-si̍t bat chhiâⁿ Tâi-gí kiáⁿ ê lâng lóng chai, sìn-liām khah iàu-kín châi-tiāu. Tio̍h hē koat-sim Tâi-gí chū-thâu o̍h, piàⁿ-sì ha̍k-si̍p. Nā ū kian-chhî beh kòe Tâi-gí seng-oa̍h, gín-á teh o̍h kóng-ōe, tú-hó lán thang chià hē kì-hōe kā Tâi-gí khioh tńg--lâi, hām gín-á tâng-chê chìn-pō͘.

Beh ài sòe-hàn gín-á thiaⁿ ū chi̍t khoán ōe-gí, siōng bô i cheng-sîn ê sî-kan ài ū 10% sī teh thiaⁿ hit-khoán ōe. Beh ài in ū hoat-tō͘ khui-chùi kóng, tio̍h ài 30% ê sî-kan teh thiaⁿ hit-khoán ōe. Só͘-pái siang-gí m̄ sī tōa būn-tê. Beh koh khah khinsang lâi tàt-sêng siang-gí kiáⁿ ê bòk-phiau, ū ē-bīn 2 chióng hoat-tō͘ thang kéng.

1. **Chit lâng chit gí.** Nā gín-á ū nn̄g-ê lâng teh chiàu-kò͘, án-ne tú-hó chit lâng kóng chit chióng ōe. Chū-jiân gín-á ē koàn-sì, in ōe lóng ē khòaⁿ lâng teh kéng. Koh chit hāng sè-kài chán, chhin-chhiūⁿ "Lí khì kā A-bú kóng lán beh chhut-mn̂g khì kong-hn̂g." Án-ne gín-á chū sòe-hàn tō teh liān-sip chò hoan-èk, tek-khak gí-giân lêng-lèk it-tò͘ chán.

2. **Chit ūi chit gí.** Nā bô thang chit lâng chit gí, thang khòaⁿ só͘-chāi lâi khu-hun gí-giân ê soán-tèk. Tī chhù--nih kóng chit chióng ōe, chhut-gōa kóng lēng-gōa chit chióng. Án-ne mā ū èng-hāu.

Lâng kóng beh khai-sí kap gín-á kóng Tâi-gí, tē-it hó ê sî-ki sī in chhut-sì hit-kang; tē-jī hó ê sî-ki sī kin-á-jit. Nā lán chò pē-bú ê lâng kó-jiân án-ne lâi kak-ngō͘, tek-khak Tâi-gí jú heng-ōng, Tâi-oân lâng jú chōe, Tâi-oân-kok ū n̂g-bāng.

Lûi Bêng-hàn kì--ê

Bo̍k-lio̍k

1	Chū-ngó͘ Siāu-kài	1
2	Chhù-lāi-lâng	9
3	Kin-nî Kúi Hòe?	19
4	Tông-chhong	27
5	Góa ê Mi̍h-kiāⁿ	39
6	Chia̍h-mi̍h	49
7	Kòe Ji̍t	57
8	Chò Seⁿ-ji̍t	63
9	Phīⁿ-ba̍k-chhùi	73
10	Sin-thé	83
11	Sin-thé ê Kám-kak	91
12	Hong-hiòng	99

A-bûn
5 Nî 3 Pan

A-khe
5 Nî 3 Pan

A-iông
5 Nî 3 Pan

A-him
5 Nî 3 Pan

A-bí
6 Nî 8 Pan

A-bêng
6 Nî 8 Pan

TĒ IT KHÒ: CHŪ-NGÓ͘ SIĀU-KÀI

LESSON 1: SELF INTRODUCTION

1. Gâu-chá. Góa sī A-khe.
   Good morning, I'm A-khe.
3. I kiò siá ^{n}-mih miâ?
   What's her name?

2. Gâu-chá. Góa sī A-him.
   Good morning, I'm A-him.
4. I kiò A-iông.
   Her name is A-iông.

A-iông

A-khe

A-him

GÍ-SÛ

VOCABULARY

Gâu-chá.	góa
Good morning.	I

sī	i
to be	he/she/it

kiò	siá^n-mih
to call	what

miâ
name

SIONG-KOAN GÍ-SÛ
RELATED VOCABULARY

lí
you

Chiảh pá--bōe?
How are you?

Chài-hōe.
Good bye.

KÙ-HÊNG – 1

SENTENCE PATTERN – 1

Write your Name

Góa _____ _____.
    (am)   (name)

KÙ-HÊNG – 2

SENTENCE PATTERN – 2

Góa kiò A-him.

Góa kiò A-khe.

kiò	to call to be called to be named

A-him

A-khe

Write your Name

Góa _____ _____.
     (am called)   (name)

HO͘-IM

PRONUNCIATION

A góa, A-him

I I kiò siá\u207f-mih miâ?

U A-bûn

E A-khe

O kiò

O͘ ō͘-á[1]

---

[1] Note for teachers: Let students compare the pronunciation of ō͘-á (a taro) and ô-á (an oyster).

KOH SIŪⁿ BEH CHAI

GOOD TO KNOW

KOH SIŪᴺ BEH CHAI

GOOD TO KNOW

_____ kiò A-him.

_____ kiò A-him.

_____ kiò A-him.

TĒ JĪ KHÒ: CHHÙ-LĀI-LÂNG

LESSON 2: FAMILY MEMBERS

2. Goán tau ū sì ê lâng.

   There are four people in my family.

3. Ū goán a-bú, a-pa, chit ê sió-mōe, koh ū góa.

   There are my mom, dad, one younger sister, and me.

1. Lín tau ū kúi ê lâng?

   How many people are there in your family?

A-khe

A-him

GÍ-SÛ – 1

VOCABULARY – 1

lín	tau
you (plural); your (used to indicate familiar persons or home)	household

ū	kúi
to have	how many

ê	lâng
measure word	people

GÍ-SŪ – 2

VOCABULARY – 2

goán	sì
we, us; my, our (used to indicate familiar persons or home)	four

a-bú	a-pa
mom	dad

chit	sió-mōe
one	younger sister

koh
furthermore

SIONG-KOAN GÍ-SŪ

RELATED VOCABULARY

nn̄g	saⁿ
two	three

gō͘	la̍k
five	six

a-hiaⁿ	a-chí
older brother	older sister

sió-tī
younger brother

KÙ-HÊNG – 1

SENTENCE PATTERN – 1

"Lín tau ū kúi ê lâng?"

"Goán tau ū sì ê lâng."

| ū | there are; to have |

A-khe

A-him

Lín tau _____ kúi ê lâng?
(has)

Goán tau ____ _____ ê lâng.
(has)　(number)

KÙ-HÊNG – 2

SENTENCE PATTERN – 2

Ū goán sió-mōe, koh ū goán a-chí.

ū..., koh ū
there is...; there is also

A-khe

A-him

1. Ū goán _____, _____ _____ góa.
   (family member) (also) (has)

2. Ū goán a-pa, _____ _____ goán _____.
   (also) (has) (family member)

Instruction: You can pick any family member we learned.

HO̍-IM

PRONUNCIATION

What is the difference between these pairs?

P a-pa

B a-bú

K koh ū

G góa, goán

KOH SIŪ^N BEH CHAI

GOOD TO KNOW

Add -n

 Góa   Goán

  Lí   Lín

 I   In

KOH SIŪᴺ BEH CHAI

GOOD TO KNOW

_____ tau ū saⁿ ê lâng.

_____ tau ū saⁿ ê lâng.

_____ tau ū saⁿ ê lâng.

TĒ SA^N KHÒ: KIN-NÎ KÚI HÒE?

LESSON 3: HOW OLD ARE YOU?

1. Lí kin-nî kúi hòe?
   How old are you?

3. Lí thȧk kúi nî?
   Which grade are you in?

5. Góa teh thȧk gō͘ nî.
   I am in 5th grade.

2. Góa kin-nî chȧp-it hòe.
   I am 11 years old this year.

4. Góa chit-má teh thȧk lȧk nî. Lí--leh?
   I am in 6th grade now. How about you?

A-bûn

A-bêng

GÍ-SÛ

VOCABULARY

kin-nî	hòe
this year	(years of) age

chảp-it	thảk
eleven	to study

nî	chit-má
year	now

teh	leh
marker for an ongoing action; indicating the action takes a longer period of time to complete.	a prompt for the listener to imitate the previous sentence with replaced subject; what about?

SIONG-KOAN GÍ-SÛ

RELATED VOCABULARY

chhit	peh
seven	eight

káu	cha̍p
nine	ten

cha̍p-jī	cha̍p-sa^n
twelve	thirteen

KÙ-HÊNG – 1

SENTENCE PATTERN – 1

Lí kin-nî kúi hòe?

Góa kin-nî chảp-it hòe.

kin-nî	this year
chit-má	now

A-bûn

A-bêng

1. Góa _____ _____ hòe.
   (this year)   (age)

2. Góa _____ _____ hòe.
   (now)   (age)

KÙ-HÊNG – 2-1

SENTENCE PATTERN – 2-1

Góa chit-má teh thảk lảk nî, lí--leh?

Góa teh thảk gō͘ nî.

| lí--leh? | How about you? |

A-bûn

A-bêng

1. Góa kin-nî ____ hòe, _____?
   (age)   (how about you)

2. Góa kiò _____, _____?
   (name)   (how about you)

KÙ-HÊNG – 2-2

SENTENCE PATTERN – 2-2

Can you think of a sentence to describe yourself and use "Lí--leh?" to ask other people?

1. Talk about how many people are in your family.

_____

_____

_____

2. Talk about who are in your family.

_____

_____

_____

HO͘-IM

PRONUNCIATION

M chit-má, sió-mōe, siáⁿ-mih, miâ

N kin-nî

H hòe

L lí, lâng, leh

S sī, sió-mōe

KOH SIŪᴺ BEH CHAI

GOOD TO KNOW

Do you know there are two types of pronunciation for numbers in Tâi-gí?

TĒ SÌ KHÒ: LÁN CHIT PAN

LESSON 4: OUR CLASS

1. A-iông, lán chit pan ū jōa-chē lâng?

   A-iông, how many people are there in our class?

2. Lán chit pan ū jī-chảp-it ê lâng; cha-bớ chảp ê, cha-pơ chảp-it ê.

   There are twenty one people in our class. Ten females and eleven males.

3. A-bí, lín hit pan ū jōa-chē lâng?

   A-bí, how many people are there in your class?

4. Goán chit pan ū jī-chảp-jī ê lâng; cha-bớ káu ê, cha-pơ chảp-saⁿ ê.

   There are twenty two people in my class. Nine females and thirteen males.

A-bûn, 5 Nî 3 Pan

A-iông, 5 Nî 3 Pan

A-bí, 6 Nî 8 Pan

GÍ-SÛ

VOCABULARY

lán	chit
we (including the listener)	this

pan	jōa-chē
class	how many

cha-bó͘	cha-po͘
female	male

hit	jī-chȧp-it
that	twenty one

jī-chȧp-jī
twenty two

SIONG-KOAN GÍ-SÛ
RELATED VOCABULARY

chảp-sì	chảp-gō͘
fourteen	fifteen

chảp-lảk	chảp-chhit
sixteen	seventeen

chảp-peh	chảp-káu
eighteen	nineteen

saⁿ-chảp	saⁿ-chảp-it
thirty	thirty one

KÙ-HÊNG – 1

SENTENCE PATTERN – 1

> Lán chit pan ū jōa-chē lâng?

> Lán chit pan ū jī-chàp-it ê lâng.

| ū jōa-chē | how many are there |

A-bûn, 5 Nî 3 Pan

A-iông, 5 Nî 3 Pan

1. Lín tau ____ ____ lâng?
   (there are) (how many)

2. Lín hit pan ____ ____ cha-po͘?
   (there are) (how many)

KÙ-HÊNG – 2-1

SENTENCE PATTERN – 2-1

A-iông, lán chit pan ū jōa-chē lâng?

Lán chit pan ū jī-cha̍p-it ê lâng.

A-bûn, 5 Nî 3 Pan

A-iông, 5 Nî 3 Pan

| lán | we (including the listener) |

KÙ-HÊNG – 2-2

SENTENCE PATTERN – 2-2

Goán chit pan ū jī-chap-jī ê lâng.

A-bí, lín hit pan ū jōa-chē lâng?

A-bûn, 5 Nî 3 Pan

A-bí, 6 Nî 8 Pan

| goán | we (excluding the listener) |

KÙ-HÊNG – 3
SENTENCE PATTERN – 3

When you talk to your sister about your family members, do you use "goán" or "lán?"

_____ tau ū 4 ê lâng.

When you talk to your teacher about your family members, do you use "goán" or "lán?"

_____ tau ū 4 ê lâng.

HOẠT-TŌNG

ACTIVITY

Chit pan ū jōa-chē cha-bó͘, jōa-chē cha-po͘?

Chit pan cha-bó͘ ū _____ ê,

cha-po͘ ū _____ ê.

HO͘-IM

PRONUNCIATION

tenuis consonants   aspirated consonants

like "p" in "spy"	P	PH	like "p" in "pie"
like "t" in "stick"	T	TH	like "t" in "tick"
like "k" in "ski"	K	KH	like "k" in "key"
like "ds" in "heads"	CH	CHH	like "ts" in "hats"

*Unlike in English, aspiration does change the meaning of a word in Taigi.

HO̍-IM

PRONUNCIATION

- **P** — peh, pan
- **Ph** — phàu
- **T** — tau
- **Th** — tha̍k
- **K** — káu, kiò, kúi
- **Kh** — khó͘
- **Ch** — cha̍p, chit, chi̍t
- **Chh** — chhit

KOH SIŪ^n BEH CHAI

GOOD TO KNOW

+ thi^n

− kiám

× sêng

÷ pun

= pî^n-pî^n

Write the equations:

Sa^n sêng la̍k chiah thi^n sì pî^n-pî^n jī-cha̍p-jī.

_____

Gō pun hō nn̄g pî^n-pî^n nn̄g tiám gō.

_____

TĒ GŌ͘ KHÒ: GÓA Ê MI̍H-KIĀⁿ

LESSON 5: THINGS I HAVE

1. Chit ki pit kám sī lí ê?
   Is this pen yours?

4. M̄ sī, he m̄ sī góa ê, sī i ê.
   No, that is not mine. That is his.

2. Sī, che sī góa ê, to-siā.
   Yes, this is mine. Thanks.

3. Hit pún phō͘-á kám sī lí ê?
   Is that notebook yours?

A-bí

A-bêng

GÍ-SÛ

VOCABULARY

ki	**pit**
measure word for long objects	pen
kám	**ê**
question marker	possesive marker
che	**to-siā**
this one	thanks
pún	**phō-á**
measure word for books	notebook
m̄ sī	**he**
not to be	that one

SIONG-KOAN GÍ-SÛ

RELATED VOCABULARY

hú-á	chheh
eraser	book

ka-to	chhioh
scissors	ruler

chheh-pau	tè
school backpack	measure word for lumpy objects; a piece; a slice

KÙ-HÊNG – 1

SENTENCE PATTERN – 1

1. Chit ki pit kám sī lí ê?

4. M̄ sī, he m̄ sī góa ê, sī i ê.

2. Sī, che sī góa ê, to-siā.

3. Hit pún phō͘-á kám sī lí ê?

| sī ... ê | is ...'s |

A-bí

A-bêng

How do you say "This book is mine" in Tâi-gí?

_____

_____

KÙ-HÊNG – 2-1

SENTENCE PATTERN – 2-1

1. Chit ki pit kám sī lí ê?

4. M̄ sī, he m̄ sī góa ê, sī i ê.

2. Sī, che sī góa ê, to-siā.

3. Hit pún phō͘-á kám sī lí ê?

| kám | is it...? |

A-bí

A-bêng

How do you ask "Is that school backpack hers?" in Tâi-gí?

_____

_____

KÙ-HÊNG – 2-2

SENTENCE PATTERN – 2-2

"Kám" is also used in other situations.

> ### Fill out the blank.
>
> **Lín tau _____ ū sì ê lâng?**
> Are there 4 people in your family?
>
> **Lí kin-nî _____ teh tha̍k gō͘-nî?**
> Are you in fifth grade this year?
>
> **Lán chit pan _____ ū jī-cha̍p ê lâng?**
> Are there twenty people in our class?

HO̍-IM

PRONUNCIATION

-p   cha̍p

-t   chit, chi̍t, cha̍p-it, hit

-k   la̍k, tha̍k

-h   koh, leh, peh, chheh

KOH SIŪᴺ BEH CHAI

GOOD TO KNOW

KOH SIŪᴺ BEH CHAI

GOOD TO KNOW

TĒ LA̍K KHÒ: Ū CHIA̍H SIÁⁿ MI̍H

LESSON 6: WHAT DID YOU EAT

1. Lí cha-hng àm-tǹg chia̍h siáⁿ mih?
   What did you eat for dinner yesterday?

2. Góa ū chia̍h pn̄g, ū chia̍h hî, mā ū lim kóe-chí-chiap.
   I ate rice and fish, and also drank juice.

A-iông

A-bûn

GÍ-SÛ

VOCABULARY

cha-hng[1]	**àm-tǹg**
yesterday	dinner
chia̍h	**pn̄g**
to eat	cooked rice
mā	**hî**
also; too	fish
lim	**kóe-chí-chiap**
to drink	juice

siáⁿ mi̍h
what; short for siáⁿ-mi̍h mi̍h-kiāⁿ

---

[1] Cha-hng is often contracted to chăng.

SIONG-KOAN GÍ-SÛ

RELATED VOCABULARY

chá-tǹg	tiong-tàu-tǹg	kin-á-jit
breakfast	lunch	today

páng	mī	chhi^n-chhài
bread	noodle	vegetable

kóe-chí	tāu-hū	bah
fruit	tofu	meat

nn̄g	gû-leng	khò-là
egg	milk	coke

KÙ-HÊNG – 1

SENTENCE PATTERN – 1

> Lí cha-hng àm-tǹg chia̍h siáⁿ mi̍h?

> Góa ū chia̍h pn̄g, ū chia̍h hî, mā ū lim kóe-chí-chiap.

| ū | to have done |

A-iông

A-bûn

Lí chăng chá-tǹg chia̍h siáⁿ mi̍h?

Góa ___ chia̍h _____ kap _____.
(have)   (food)   (food)

KÙ-HÊNG – 2-1

SENTENCE PATTERN – 2-1

> Lí cha-hng àm-tǹg chiảh siá ⁿ mih?

> Góa ū chiảh pn̄g, ū chiảh hî, **mā** ū lim kóe-chí-chiap.

| mā | also; too |

A-iông

A-bûn

Lí chăng tiong-tàu-tǹg chiảh siá ⁿ mih?

Góa ū chiảh _____, ___ ū chiảh _____.
              (food)   (also)   (food)

KÙ-HÊNG – 2-2

SENTENCE PATTERN – 2-2

"Mā" can also be used in other situations.

Fill out the blanks.

1. Goán chit pan ū _____,
   (girls)

   _____ ū _____.
   (also)   (boys)

2. I kin-nî 12 hòe, góa _____
   (this year)

   _____ _____.
   (also)   (twelve years old)

3. Góa chit-má tha̍k 6-nî,

   i _____ _____ tha̍k _____.
     (now)   (also)   (6th grade)

HO͘-IM

PRONUNCIATION

-m kám, àm-tǹg

-n lín, lán, pan

-ng lâng, nn̄g, chá-tǹg

-ⁿ siá^n-mih, sa^n

TĒ CHHIT KHÒ: BEH CHÒ Ê TĀI-CHÌ

LESSON 7: WHAT YOU WILL DO

1. Lí bîn-á-chài ē-pơ beh chò siá^n mih?
   What do you want to do tomorrow afternoon?

2. Góa beh khì that kha-kiû, koh beh khòa^n chheh.
   I want to go play soccer, and also want to read books.

A-khe

A-bí

GÍ-SÛ

VOCABULARY

bîn-á-chài	**ē-po͘**
tomorrow	afternoon

beh	**chò**
to want to; about to do; will	to do

khì	**that kha-kiû**
to go	to play soccer

khòaⁿ chheh
to read

SIONG-KOAN GÍ-SÛ

RELATED VOCABULARY

chá-khí	tiong-tàu
morning	noon

àm-sî	ōe-tôˊ
evening; night	to paint; to draw

siû-chúi	liān thé-chhau
to swim	to practice gymnastics

ī tiān-tōng	chhut-khì sńg
to play video games	to play outside

KÙ-HÊNG – 1
SENTENCE PATTERN – 1

Lí bîn-á-chài ē-po͘ beh chò siáⁿ mih?

Góa beh khì that kha-kiû, koh beh khòaⁿ chheh.

beh	to want to; about to do; will

A-khe

A-bí

Lí kin-á-ji̍t ē-po͘ beh chò siáⁿ mih?

Góa _____ _____,

koh _____ _____.

TĒ 7 KHÒ   61

KÙ-HÊNG – 2

SENTENCE PATTERN – 2

A-bí's Schedule

	cha-hng	kin-á-jit	bîn-á-chài
8:00 – 12:00			
12:00 – 13:00		Chit-má	
13:00 – 18:00			
18:00 – 22:00			

1. A-bí bîn-á-chài tiong-tàu _____ _____.
                                         (ū or beh) (activity)

2. A-bí cha-hng ē-poơ _____ _____.
                            (ū or beh) (activity)

3. Describe the rest of A-bí's activities.

HO͘-IM

PRONUNCIATION

- **P** — peh, pan, pit, pun, pn̄g
- **Ph** — phō͘-á, pháng
- **T** — tau, tāu-hū
- **Th** — tha̍k
- **K** — kiò, kúi, kám, ka-to, kin-á
- **Kh** — khòaⁿ-chheh
- **Ch** — chit, chi̍t, che, chia̍h, chò
- **Chh** — chhit, chheh, chhioh

TĒ PEH KHÒ: CHÒ SE^n-JI̍T

LESSON 8: CELEBRATING BIRTHDAY

1. Lí tang-sî se^n-ji̍t?
Kám ū beh chò se^n-ji̍t?
When is your birthday?
Are you going to celebrate?

2. Góa jī-goe̍h chhe jī se^n-ji̍t. Góa ē chio chit-kóa lâng lâi goán tau.
My birthday is February 2nd. I will invite some people to come to my house.

A-bêng

A-him

GÍ-SÛ

VOCABULARY

tang-sî	seⁿ-jit
when	birthday

chò seⁿ-jit	jī-goe̍h chhe jī
to celebrate birthday	February 2nd

ē	chio
will	to invite

chit-kóa	lâi
a few	to come

SIONG-KOAN GÍ-SÛ – 1

RELATED VOCABULARY – 1

chiaⁿ-goe̍h chhe it	saⁿ-goe̍h chhe saⁿ
January 1st	March 3rd

sì-goe̍h chhe sì	gō-goe̍h chhe gō
April 4th	May 5th

la̍k-goe̍h chhe la̍k	chhit-goe̍h chhe chhit
June 6th	July 7th

peh-goe̍h chhe peh	káu-goe̍h chhe káu
August 8th	September 9th

SIONG-KOAN GÍ-SŪ – 2

RELATED VOCABULARY – 2

chap-goeh chhe chap	chap-it-goeh chap-it
October 10th	November 11th

chap-jī-goeh chap-jī	chiaⁿ-goeh jī-gō͘
December 12th	January 25th

chiaⁿ-goeh saⁿ-chap-it
January 31st

KÙ-HÊNG – 1-1
SENTENCE PATTERN – 1-1

"Lí tang-sî seⁿ-jit?"

"Góa jī-goe̍h chhe jī seⁿ-jit."

tang-sî	when

A-bêng

A-him

1. Lí _____ beh that kha-kiû?
   (when)

2. I _____ ū lim gû-leng?
   (when)

KÙ-HÊNG – 1-2

SENTENCE PATTERN – 1-2

How do you make a 'when' question?

Just replace the time phrase with 'tang-sî.'

I ē-po͘ beh liān thé-chhau.

I tang-sî beh liān thé-chhau?

I cha-hng ū khòaⁿ-chheh.

I tang-sî ū khòaⁿ-chheh?

Turn this sentence into a 'when' question.

I bîn-á-chài chá-khí beh khì siû-chúi.

_____

KÙ-HÊNG – 2-1

SENTENCE PATTERN – 2-1

Lí kám ū beh chò seⁿ-jit?

Góa ē chio chit-kóa lâng lâi goán tau.

ē	will

A-bêng

A-him

1. Góa _____ khì that kha-kiû.
   (will)

2. I _____ khì lim gû-leng.
   (will)

KÙ-HÊNG – 2-2

SENTENCE PATTERN – 2-2

What is the difference between each pair of sentences?

Góa beh khì that kha-kiû.
Góa ē khì that kha-kiû.

I beh khì khòaⁿ-chheh.
I ē khì khòaⁿ-chheh.

Góa beh khì chiah chá-tǹg.
Góa ē khì chiah chá-tǹg.

HO͘-IM

PRONUNCIATION

-p chap̍, kóe-chí-chiap

-t that, seⁿ-ji̍t

-k lak̍, thak̍

-h chiah̍, bah, beh, koh, leh, peh, chheh

TĒ KÁU KHÒ: PHĪⁿ-BA̍K-CHHÙI

LESSON 9: FACIAL FEATURES

1. Hit chiah hîm ê ba̍k-chiu chin súi.
   That bear has beautiful eyes.

2. Góa khah kah-ì chit chiah thò͘-á, hīⁿ-á chiâⁿ kó͘-chui.
   I like this bunny better. The ears are very cute.

A-bûn

A-khe

GÍ-SÛ
VOCABULARY

hîm	ba̍k-chiu	chin
bear	eye	really

súi	khah	kah-ì
pretty	more; better	to like

thò͘-á	hī ⁿ-á	chiâⁿ
bunny	ear	truly

kó͘-chui	chiah
cute	measure word for animals with legs

SIONG-KOAN GÍ-SÛ

RELATED VOCABULARY – 1

bak-bâi	phīⁿ-á	chhùi
eyebrow	nose	mouth

ē-hâi	chhùi-phé	chhù-bī
chin	cheek	intriguing

kî-koài	káu-á	niau-á
weird	puppy	kitty

niáu-chhí	chiáu-á	kho͘-á-lah
mouse	bird	koala

KÙ-HÊNG – 1-1

SENTENCE PATTERN – 1-1

> Hit chiah hîm ê bȧk-chiu chin súi.

> Góa khah kah-ì chit chiah thò·-á, hīⁿ-á chiâⁿ kớ-chui.

A-bûn

A-khe

| chin | really |
| chiâⁿ | truly |

Describe objects with adv+adj.

Niau-á ê bȧk-chiu _____ _____.

KÙ-HÊNG – 1-2
SENTENCE PATTERN – 1-2

Thò͘-á ê chhùi _____ _____.

Niáu-chhí ê hīⁿ-á _____ _____.

Kho͘-á-lah ê ba̍k-bâi _____ _____.

I ê ē-hâi _____ _____.

I ê chhùi-phé _____ _____.

KÙ-HÊNG – 2-1
SENTENCE PATTERN – 2-1

Hit chiah hîm ê ba̍k-chiu chin súi.

Góa khah kah-ì chit chiah thò͘-á, hīⁿ-á chiâⁿ kó͘-chui.

A-bûn

A-khe

| khah kah-ì | to favor |

KÙ-HÊNG – 2-2
SENTENCE PATTERN – 2-2

Góa _____ _____ chit chiah niáu-chhí.
      (more)   (to like)

I ê _____ chiâⁿ _____.
    (feature)   (adjective)

Góa _____ _____ hit chiah thò͘-á,
      (more)   (to like)

I ê _____ chiâⁿ _____.
    (feature)   (adjective)

HO̍-IM – 1

PRONUNCIATION – 1

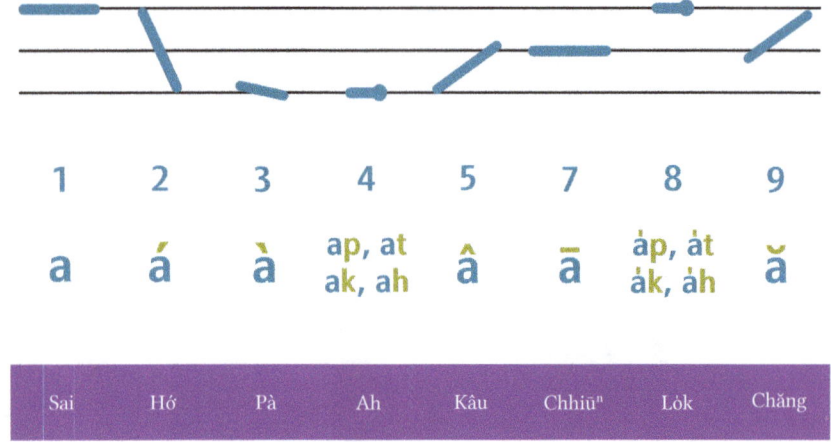

There are 8 tones in Tâi-gí.

The first group of tones sounds like Santa Claus's "Hơ hō hò."

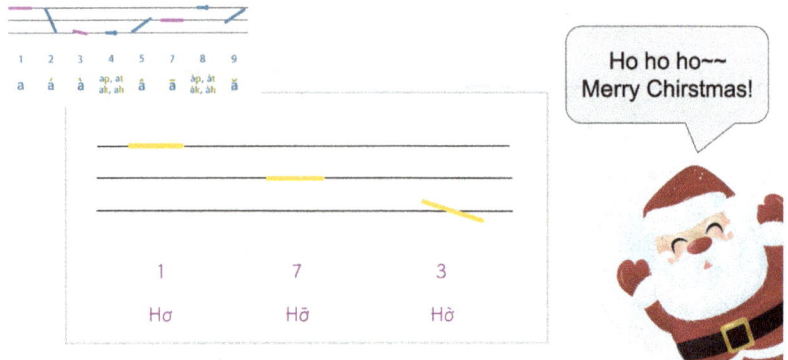

HO̍-IM – 2
PRONUNCIATION – 2

Which tone is this?

Write the tone number and read the word.

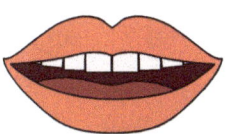
"Chhùi" is in tone _____.

"Tau" is in tone _____.

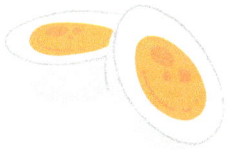
"Nn̄g" is in tone _____.

TĒ CHA̍P KHÒ: SIN-THÉ

LESSON 10: BODY PARTS

1. Tú-chiah kha-thâu-u lòng--tio̍h, ū-kàu thià^n.
I just bumped my knee. It hurts so much.

2. Khòa^n--khí-lâi o͘-chhi^n ah.
It looks like you got a bruise.

A-iông

A-him

GÍ-SÛ

VOCABULARY

tú-chiah	kha-thâu-u
just now; a moment ago	knee

lòng	tio̍h
to bump	indicating the effect of the previous verb

ū-kàu	thiàⁿ
so, very	to feel pain

khòaⁿ--khí-lâi	o͘-chhiⁿ
to look like; to seam to	bruise

ah
indicating completion of action, or change of state

SIONG-KOAN GÍ-SÛ

RELATED VOCABULARY

thâu	bīn	chhiú
head	face	hand

kha	kha-chhng	pak-tó͘
foot; leg	buttocks; hip	belly

chhiú-khiau	ām-kún	heng-khám
elbow	neck	chest

chha̍k	lâu hoeh	koah
to prick	to bleed	to cut

KÙ-HÊNG – 1-1

SENTENCE PATTERN – 1-1

> Tú-chiah kha-thâu-u lòng--tio̍h, ū-kàu thiàⁿ.

> Khòaⁿ--khí-lâi oʿ-chhiⁿ ah.

A-iông

A-him

| tio̍h | indicating the effect of the previous verb |

lòng--tio̍h

chha̍k--tio̍h

koah--tio̍h

KÙ-HÊNG – 1-2

SENTENCE PATTERN – 1-2

Tú-chiah _____

_____ thâu,

ū-kàu thiàⁿ.

Góa mā _____

_____ chhiú,

lâu hoeh ah.

KÙ-HÊNG – 2-1

SENTENCE PATTERN – 2-1

Tú-chiah kha-thâu-u lòng--tio̍h, ū-kàu thiàⁿ.

Khòaⁿ--khí-lâi o͘-chhiⁿ ah.

khòaⁿ--khí-lâi
to look like

A-iông

A-him

 _____ lâu hoeh ah.

KÙ-HÊNG – 2-2

SENTENCE PATTERN – 2-2

_____

ū peh ê lâng.

I _____

cha̍p-jī hòe.

_____

ū-kàu thiàⁿ.

HO̍-IM

PRONUNCIATION

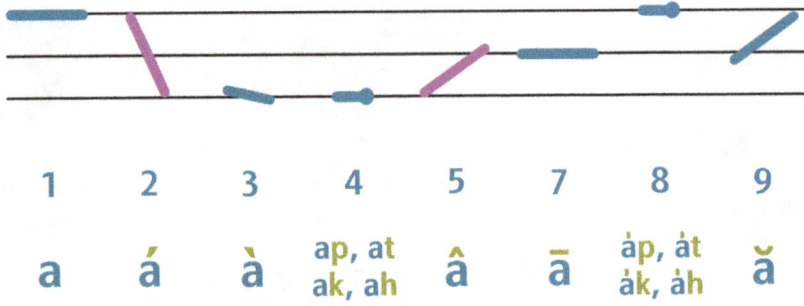

Which tone is this? Write the number of the tone and read it out.

"Góa" is in tone _____.

"Thâu" is in tone _____.

TĒ CHA̍P-IT KHÒ: SIN-THÉ Ê KÁM-KAK

LESSON 11: FIVE SENSES

1. Chit lia̍p phōng-kó khòaⁿ--khí-lâi âng-kì-kì.
   This apple looks super red.

2. Phīⁿ tio̍h mā phang-kòng-kòng, eng-kai chiok hó-chia̍h.
   It also smells so good. It must taste great.

A-bêng

A-bí

GÍ-SÛ

VOCABULARY

liáp	phōng-kó
measure word for spheroid objects	apple

âng-kì-kì	phīⁿ tio̍h
super red	to smell like

phang-kòng-kòng	eng-kai
super fragrant	ought to; must; should; supposed to

chiok
very

SIONG-KOAN GÍ-SÛ – 1

RELATED VOCABULARY – 1

bong--khí-lâi to feel like (with hand)	**chia̍h tio̍h** to taste like
thiaⁿ--khí-lâi to sound like	**tēng-tēng** hard; stiff
nńg-nńg soft; softish	**tiⁿ-tiⁿ** sweet; sweetish

SIONG-KOAN GÍ-SŪ – 2

RELATED VOCABULARY – 2

kiâm-kiâm salty; saltyish	**o͘-o͘** black; blackish
phang-phang fragrant	**chhàu-chhàu** smelly; stinky
hó-thiaⁿ pleasant to hear	**pháiⁿ-thiaⁿ** unpleasant to hear

KÙ-HÊNG – 1

SENTENCE PATTERN – 1

Chit liàp phōng-kó khòa^n--khí-lâi âng-kì-kì.

Phī^n tiȯh mā phang-kòng-kòng, eng-kai chiok hó-chiȧh.

| --khí-lâi | indicating the effect of the previous verb |

A-bêng

A-bí

Khòa^n _____ âng-âng.

KÙ-HÊNG – 2-1
SENTENCE PATTERN – 2-1

Chit lia̍p phōng-kó khòaⁿ--khí-lâi âng-kì-kì.

Phīⁿ tio̍h mā phang-kòng-kòng, eng-kai chiok hó-chia̍h.

| verb+tio̍h | indicating subjective judgement |

A-bêng

A-bí

Phīⁿ _____ chhàu-chhàu.

KÙ-HÊNG – 2-2

SENTENCE PATTERN – 2-2

Bong--khí-lâi _____.

_____ chin hó-thia^n.

Phī^n tio̍h _____.

_____ ti^n-ti^n.

HO͘-IM

PRONUNCIATION

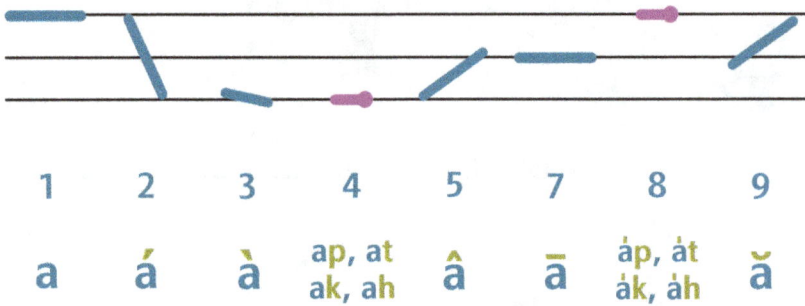

Which tone is this? Write the number of the tone and read it out.

8   "Peh" is in tone _____.

10   "Chi̍p" is in tone _____.

TĒ CHA̍P-JĪ KHÒ: HONG-HIÒNG

LESSON 12: DIRECTIONS

1. Lán kā chit tiuⁿ siòng-phìⁿ sóa khì chiàⁿ-pêng hó--bô?
Shall we move the picture to the right?

2. Góa kám-kak khǹg tī tò-pêng khah hó-khòaⁿ.
I think it looks better on the left.

A-khe

A-him

GÍ-SÛ

VOCABULARY

kā

1. We use this word when doing something to an object and affecting the object or its situation.
2. S + kā + O + V+ (how the object or situation changed)

tiuⁿ	siòng-phìⁿ	sóa
measure word for thin objects	photo	to move

chiàⁿ-pêng	hó--bô?	kám-kak
right side	alright?	to feel

khǹg	tī	tò-pêng
to put	at; in; on	left side

SIONG-KOAN GÍ-SÛ

RELATED VOCABULARY

téng-thâu	ē-kha
top; the upper part	lower part, below, under, underneath

chit pêng	hit pêng
this side; here	that side; there

lāi-té	gōa-kháu
inside	outside

theh
to take

KÙ-HÊNG – 1-1

SENTENCE PATTERN – 1-1

Lán kā chit tiuⁿ siòng-phìⁿ sóa khì chiàⁿ-pêng hó--bô?

Góa kám-kak khǹg tī tò-pêng khah hó-khòaⁿ.

| kā | S + kā + O + V + (how the object or situation changed) |

A-khe

A-him

Góa _____ pit theh lâi chiàⁿ-pêng.

KÙ-HÊNG – 1-2

SENTENCE PATTERN – 1-2

I _____ lâng _____ --tio̍h.

Góa _____ chheh khǹg tī _____.

KÙ-HÊNG – 2-1
SENTENCE PATTERN – 2-1

Lán kā chit tiuⁿ siòng-phìⁿ sóa khì chiàⁿ-pêng hó--bô?

Góa kám-kak khǹg tī tò-pêng khah hó-khòaⁿ.

hó--bô? | alright?

A-khe

A-him

Chhiáⁿ pêng-iú lâi lán tau sńg, _____

KÙ-HÊNG – 2-2

SENTENCE PATTERN – 2-2

How do you ask other people to take a notebook over here for you?

How do you ask if it is alright to eat fruit and bread for breakfast?

HO̍-IM

PRONUNCIATION

Double hyphen means neutral tone.

Phōng-kó lí kám ū chia̍h--tio̍h?

Chia̍h pá--bōe?

Khì siû-chúi hó--bô?

Pit-kì

Pit-kì

www.ingramcontent.com/pod-product-compliance
Lightning Source LLC
Chambersburg PA
CBHW072158160426
43197CB00012B/2434